KINZY PUBLISHING AGENCY

Kinzypa.com

info@kinzypa.com

201122811065+
201122811064+

الفهرس

وأنطفئ

مثل العصفور الحزين

الخاتمة

جائعٌ يا قلبي

والقمرما يزال بعيدًا

وضجر الانتظار

ينسجُ خيوط الألم

في قلوب المساكين

السائرين

في طريقٍ لا يزوره النهار

وكنتُ هناك

انتظر

أني أكتفي بهذا الوهم

وليس لديَّ ما أقول

و ليس لديَّ أى اعتراض

واشتياقات القلب

لأي مرسى يلوذ به

سيدتي

إن كان وجودك معي افتراض

فماذا تسمين؟

ضحكات النجوم بلا تفسير

حين تمرين ببالي

وصوت الكروان الذى

يحمل صوتك خلف نافذتي كل مساء

فهل تسكنين السماء؟!

وبافتراض أن كل هذا افتراض

فإني أُعلنُ بما تبقى من عقلي

افتراض

بافتراض أن هذا ما حدث

وأن الصدفة وحدها

هى التى تربط قلبينا معًا

فلماذا ترتشفين القهوة معي كل صباح؟

تذهبين معي للعمل

تحملين كل ذكريات الماضي

في لون عينيك

وبافتراض أني أهذي

ككل المجانين الذين يؤمنون بالحب

عائدون

والضباب يملأ العيون

أحقًا يا من أرسيت العدل يومًا

ألا تحكم بالعدل؟

وكأنك غير منصتٍ لجراحاتنا

ولا عادل

فحاشا

ولا سنٌ بسن

ولا العطشان بعد الانتظار، ارتوى

*****

عائدون

منقسمون على ذواتنا

بين نعم ولا

وضوء القمر في ليالينا القاسية

يتلاشى

رغيف الخبز الذى نحمله لأبناءنا

أصابه العطن

أو مغبر بأتربة الزمن

والشيب في أعمارنا توشى

لكي ما نقف بالملكوت على الأعتاب

بلا لومٍ أو عتاب

و في المدى العدل يقف وحيدًا

يواجه الصدق والكذب

والحقيقة والغياب

* * * * *

العدل

ذاك الأمل المنتظر

لمن لا يملكون شيئًا

العدل يتهاوى

رويداً.رويدًا

لم تعد عينٌ بعين

وما الذي تغير؟

أنا أم أفكاري

أم إشتهاءاتي

وما الذي بعثَ فيَّ هذه الحياة؟

العبث والجنون

صارت الأرض دائرةً

تحمل وجهًا للعدل

والآخر للقانون

* * * * *

فلنرضى بحكم القانون

لأننا طيبون

حتى وإن كان قانون الغاب

عائدون

عائدون

نحمل ذكريات البدء والتكوين

سقوطًا متواليًا

ليالٍ متكررة

تبعثُ فينا الضجر والانهيار

أيها السادة

لا مجال تحت هذه السماء

لدهشةٍ او انبهار

*****

أفكر كثيرًا فيما حدث

وكم ألف نهار؟

وكم ألف نظرةٍ تخترق الروح المطفأة

بأسهم الشفاء

الوحدة لا تعنيني

فأنتِ معي

ولو كنتِ معي

لامتلكتُ السماء

وشفاء

لو كنتِ معي

كان لون الليل يتلألأ بلون عينيكِ

والطريق يصير لا نهاية له

لو كنتُ أملك الشجاعة

لكنتُ صورتُ قلبك كآخر مرسى للعمر

وآخر نداء

حبيبتي

كيف لى أن أعد الليالي؟!

كم ألف ليلٍ

لو كنتِ معي

على جدران الغروب

رسمتُ وجهكِ البهى

فتجسَّد أمامي

يغمز .. فأضحك

وتضحكين

فتبتسم لي شجون المساء

المسافات لا تساوي شيئًا

فأنت تحتلين مسامات العقل والروح

والجروح تفيض ورودًا

بكيفَ .. ولماذا ؟!

الخصم والحكم

يا رب

لماذا تكون الخصم والحكم؟

والمهرب والملاذَ

وكيف يتحير قلبي الصغير؟

بعدما استقر

بين كلماتك ولاذَ

قدمتُ حُجتى بين دوائر

تدور بين ذاك وهذا

ولماذا؟

كل أسئلتى تنتهي كما البداية

أنتظر فقط مرور الوقت

البارحةُ

البارحة

كنت أبحث عن شيءٍ ما

عن مرساةٍ للقلب

وسط ضجيج عالمٍ مزعج

فكنتِ أنتِ

وأناملكِ

وصدى صوتكِ

في هذا الخيال المدهش أمامي

ما يحزنني

أنني منذ سنين

ودوائر مسائية

تغزو رأسي كالطواحين

أهذا ما كنت أرجوه؟

أهذا كل ما تبقى ؟

أهذا......

..

..

ومرت الأعوام

حتى وإن لم يستحق عناء التفكير

أهذا أنا

بتلك الصور المبعثرة

في خبايا الأدراج

كيف أصدق الحقيقة إذن؟

وصوت قطارات المنفى

مسرعةً بدمي

أسماء أتذكرها فجأة

ثم تغيب

آلاف من الليالي الكاذبة

مرهقة للقلب

دوائر صباحية

براءة

عينان ضيقتان

تتغلقان على تخمةٍ من الأحلام

والفضاء يزداد أتساعًا

والفناء يتلاشى

أمام براءة الوجه الصغير

أهذا أنا؟!

انتبهت على ذلك السؤال بعقلي

كنت خارجًا من ثورتى الداخلية

على كل شيء

ولأجل كل شيء

ومنتصف الموت

ومنتصف الحياة

وما بين (بين بين)

إحساسٌ ما عدت أطيقه

ويلي أنا الانسان الضعيف

في كل لمسةٍ من الأيدي الرقيقة

أستبينُ الحقيقة

ويل

ويلي!

عقلي الرافض كل شيء

أم جسد هذا الموت

من بهما يمكن تصديقه؟

صارحني الطبيب

بما أصاب عظامي وأحشائي

لكنه لم يصارحني بما أصاب قلبي

وفلسفه الألم العميقة

وما هى العلاقة اللصيقة

ببن منتصف العمر

لعل السلام المفقود

في توهة الكلام

وقشعريرة الصمت

يومًا يعود

ووطن الحرية

وحين رأيته مبتسمًا وسط عائلته

في منفاه الاختياري

والشيب لوث رأسه

أعدتُ التفكير

فالشيبُ لوَّثَ رأسي

وقلبي

وما عادَ في العمرِ كثير

الكتابة

ذاك الهروب إلى النفس

من غدٍ وأمس

هل تستوي المشاعر في الطريق

وكيف يصير الكل سواء

وأنا ....

أصمت..

فمنذ تعلمت ألفٌ باء

مازلت أتميز بالغباء

صديقي

لم أره منذ سنوات

كان قد قرر الرحيل

مازلت أتذكر لقاءاتنا على المقهى

ومشاغباته عن معنى حرية الوطن

وحين رأيتني في وجوه المسافرين

استلقيتُ على مقعد ذكرياتى

وبكيت

حين أطل من شرفتي

تدهشني مئات العيون

السائرون

يضحكون

يبكون

صورة متشابكة من العبث والجنون

ودوائر لقمة العيش

والتافهون

لوحات

على رصيف المحطة

أنتظر

والسفر طويل

مسافرٌ في مكاني

ألتمس الهروب والمجهول

القطارات تأخذني للاشيء

ألوان الحقائب

إضاءات الأعمدة

صمت الوداع المميت

في يَنغرس

أتذكر حين توجسنا

أن يصير الضحك عبَس

ولو أن الوطن الأخضر يبس

..

آهٍ لو أن القلب منذ البدء

تعلم أن يحترس

دون أَن يحترس

لم يتبق من عمري الغريب

إلا كلمات

كتبها القلب دون أن يحترس

صامتًا كنت وسط ضجيج

يبتلع لحظات الفرح المختلس

وعيون حبيبتي تعدو نحوي

كعاصفةٍ تلتفُ بعقلي

كالفرس

كيف لي إذن أن أستريح

وكل شيءٍ فيكِ

مكسورة المجداف في مركب

عفا عليها الزمان

والعينان الصافيتان.. ملوثتان

رددت وجهي

لئلا تشمت بي الذكريات

لم يعد ثمة شيءٍ يهم

لا شيء يستحق هذا العناء

طريق لا نهاية له

كنا نمرحُ سويًا

ونبكي سويًا

ونتلاشى سويًا

****

دارت بنا السنين

كم ألف ليلٍ؟!

وكم ألف نهارٍ؟!

دون دهشةٍ أو انبهارٍ

لم أرها منذ عقود

سوى خلسةً في بعض الأحلام

لم يكن كل شيءٍ على ما يرام

معاناةٌ

لا شيءَ يستحقُ هذا العناء

قلتها وأنا مكبٌ بشجونِ المساء

لم يعد ثمةَ شيءٍ يهم

****

عرفتُها منذ طفولتي

وسحر البراءة بأعيننا

يعكس لون الحقيقة المطلقة

خفقات القلب الصغير

وتهتهة الكلمات

وانسدال الجفون على حلمٍ طويلٍ

كأنك المرأة الوحيدة

وكأني الرجل الوحيد

انتهينا

لكني.. حين أواجه نفسي

أسأل عنْكِ وجه السماء

وأسألكِ البقاء

لما أعلنتِ الحرب الرقيقة

الشهية

أنا سيء الحظ دائمًا

رافضًا سنيني الماضية

ورافضًا شتائي

عندما يبكيني المطر

انتهينا

عند منتصف الليل

ومنتصف العمر

أُحصي قيودي وذكرياتي

فلا أجد إلا أنتِ

تمشين خِلًا في كظلي

انتهينا

انتهينا

لا شيء باختياري

وكنتُ أعلمُ أن

لا عقل للحب

ومنذ البدء

كنتُ أعشقُ الهدوء

ساخرًا من ضجيجِ العالم

فلما دخلتِ بيني

وبين هدوئي

وبين منفاي وانعزالي

والعمر أرق... أرق

أنتِ..

ذكرياتُنا..

أسماؤُنا..

عالمٌ شهيٌ من الحيرةِ والقلقِ

والغرقِ في شبر ماء

وضحكاتنا البريئة

والطريق

والمفترق

يا حبيبتي

كيف الرجوع؟

والعيون أصابها الأرق

والحكايات أرق

كان .. وكنّا

كان..

وكنَّا..

أفلَتَ الأمسُ منَّا ، لكنَ..

نبصر بقاياه بعيدًا في الأفق

كيف مرَّت بيننا سنون

وكيف العمر من أيدينا انسرق

ألا تدرين كيف تغير كل شيء؟

كان كل شيءٍ بسيطًا

مألوفًا

أنا..

لا جدوى من طريق آخره سراب

ولا لون نصطبغ به

إلا لون الهزيمة

سواءٌ في ابتعاد او اقتراب

منذ أعوامٍ مضت

ما زلت أنا وأنت

سؤال بلا رد أو جواب

لونُ الغياب

منذ أشواق مضت

وذكريات

وملمس كفيك على مقبض الباب

لا لون لي إلا لون الغياب

مستسلمًا لحزنٍ خفي

يسري بدمي

يسير كالضباب

لذا حين التقينا بالنظرات

كان شعار قلبينا

ما فات قد فات

شوق

يا مساء الشوق

والشوق من الاحتياج

والاحتياج دائمًا إليك

ما أغلى المشاعر

حين أبصرها على كفيك

طفل أنا، فلا تتزعجي

إذا أبصرتِ بعينيَّ ملامحك

لا جدوى من الهرب إذا

أغمضتُ عيني

أو أغمضتُ عينيك

لذا أنا لست بخير

ولا مفر

من بعض الجروح

وأغنيات القهر

كل شيء يصبح سواء في غياهب الأيام

الحقيقة أنا لست بخير

ناجيت الله ذات ليلة

ليس لي

فلم يعد يهمني القلق

إنما لأطفالى

حين يصلون مرغمين عند المفترق

يا الله!

يؤرقني عجزي

ويؤرقني صمتك

تأسرني خطيئاتي

ويأسرني حبك

حقيقة

الحقيقة

أنا لست بخير

عقلي يدور كالطواحين

يحاول أن يكتشف الفرق

بين العبث والجنون

والحقيقة أنه لا فرق

سوى مزيدٍ من الحيرة والملل

واستعذاب الكسل

لا داعي من الأحلام

لا جدوى من الأمل

(14)

لم يبق الكثير يا حبيبتي

لم يبق الكثير

لكن ما يطمئنني

أنك أنت الطريق

وأنت المصير

دون ضمة يدك

أو عناق

(13)

لماذا نبحث عن الحقيقة

في الفراق

والنسيان؟

أو يدي المرتعشة في حضن يديك

الحقيقة يا حبيبتي

دائمًا ما تكون عينيك

تاريخٌ طويل ومواسم

كلها شتاء

فكيف صرتِ نجمةً مشتعلةً؟

وغيمةً من غيوم السماء

(12)

كيف تكونين كل شيء

في أي شيء؟

الماضي

والحاضر

والرفاق

كيف تسكنين داخلي؟

وأخاف

(10)

مثل عصفورةٍ

تأتين

تنقرين على جدران الروح

تفتحين نافذة بالقلب

ليصير وطنًا

ليس له حد

(11)

ما قبل أن أعرفك

تتآكل الدقائق والساعات

بين كانت.. وكنا

وتنهيدة الخطوات

(9)

سفر .. سفر

والطريق طويل

لا أملك فيه إلا

بضع أغنيات للحب

خبأتها لحين أن نلتقي

والآن.. ها أنا

أنظر في ساعتي

ارتعاشة يديك من برودة الشتاء

والسماء

تمطر بعض الذكريات

والتيه

والمجهول

ووجداني

ووجدانك

(8)

الصدفة وحدها هى الحقيقة

والحقيقة تخدعنا

حين تهبط الأحزان

لشكل البيوت

ورائحة المطر

لم يبق إلا قمر

نرسمه في كراريس الطفولة

قلبين..

وسهم..

وأغنية

(7)

مازلت

لا أقوى على نسيانك

وجهك الحلو

(5)

مثل عصفورٍ

ينثر البهجة على عتبات البيوت

في كل مساء

ناسيًا ألوان الحزن والجراح

أعاتب قلبي

حين تردد كثيرًا

أن يفتح له نافذة في القلب

(6)

لم يبق شيءٌ لنذكره

سوى ذلك الحنين

فيصير الواقع جميلًا

(4)

لا وقت عندي

لأكتشف ما وراء عينيك

لكن

حين أحدِّقُ فيك

يتجول الماضي بحريةٍ داخلي

ولا مفر

من الرجوع بضع سنواتٍ للخلف

ولا مفر

أن نكون سويًا

تأتين

تظللين علي جدران القلب

تسقطين علي الأرض الجرداء

مطرًا

مثقلًا بالدهشه والألوان

(3)

وحدي أنا

أغازل القمر

وحدي أحترفُ السهر

أسرق خلسةً بعضًا منه

أنثره على دفتر الأحلام

رسائل قصيرة جدًا

(1)

الشتاء القادم

لن أكون وحيدًا

سآتونَّس ببعض الحزن

وآرسم علي وجه السماء

وردة

وعينيك الغائبتين

(2)

مثل غيمةٍ

نحوكَ أعيننا

نحوكَ أعيننا

فلماذا تكونُ غريبًا في الأرض؟!

أنت الكل

والكل بك لا قبل ولا بعد

هذي دعوانا

أين العدل والسلام يا سيدى الرب

لا نرى إلا الحرب

وابن ادم في في دوائرٍ من البغض

وما جدوى أن يصبح بعضنا ذهبًا

وبعضنا من طين

وغافلين

مقهورين

فحين يسود الظلم

يزداد الظلام

ولا معنى لحياةٍ

ولا لصراخٍ أو كلامٍ

ولا أرض للودعاء

ولا سلام للطيبين

نداء

يا رب

لماذا تترك عصا الخطاة

تستقر على ما يملك الصديقون؟

ألا تخشى أن تمتد أياديهم إلى الإثم؟

فيصبحوا مثلهم لصوصًا آثمين

يا رب

كيف يصير الحق والباطل سواء؟

لا فرق بين فرح وأنين

إن كنَّا لسنا من هنا

فكيف الحال بيننا وبين الآخرين؟

يا قلبي

لا تهم أخباري، وهذا الزمن

لا فرق بين أفراحه ومآسيه

التحية الثالثة **

يا وردتي

العطش يفتكُ بي

فأين عيناكِ؟ لأرتوي

التحية الثانية *

لقلبي والساكنين فيه

أخباري معتادةٌ، لا جديد

صباحٌ متكرر

مساءٌ متكرر

وشوقٌ متكرر، مازلتُ أخبيه

لا شيء يؤنس الأيام

سوى بعضٍ من بقايا الأحلام

تركها لنا الزمن السفيه

أخباري...

لا شيء يستحق أن أكتبه أو أغنّيه

وما زال عمري وعمرك

سفرًا في سفر

عيوننا لم تلتقي

وشاء القدر أن نلتقي في بعض الصور

هي كل ما نملك

ولم يبق لنا اختيار

لا قرار لعصفور في أحضان الشجر

إن كنتِ اتخذتِ قرار الرحيل

أنا اتخذت قرار أن أنتظر

تحيات ليلية

التحية الاولى**

مساؤك معطر

كربيعٍ يطلُ قبل موعده

يليق بقلبك الأخضر

كيف الحال؟

يأخذني الحنين لأطمئن عليكِ لا أكثر

مر العام

وجاء المطر

ورحل المطر

كفانا كئوس البكاء

وأنام

و في داخلي تصرخ " نعم "

ويكسرني الانحناء

أبانا الذي في السماء

تدورُ الدوائر

في غربة الضمائر

واليأس سيفٌ فوق رقابنا

كفانا كئوسًا ممزوجةً بالدماء

فلماذا يمنعني حزني أن أغني

بعد أن علمتني الغناء ؟!

حين أعود للبيت

وحيدًا

فارغًا

مكبلًا بشجون المساء

أوصي زوجتي وأطفالي

أن يقولوا " لا"

لمن هذه الأرض؟

وهذه السنابل

للأخرين

للموت

لعصافير تغني وحدها

ويضيع صوتها هباء!

يا أبي

كتبت نشيدي واشعاري

تحت مصابيح الحرية

يا أبي

إننا نفتش عن ذواتنا

وعن ظلنا المفقود في برودة الشتاء

إننا الهاربون

من مدينة الحزن والضوضاء

الى حلم خفي

لا تحده الأشياء

مناجاة

أبانا الذي في السماء

هل نسيت الودعاء؟

والأرض الطيبة

والأبرياء

الضباب يستوحش في صدور الجبناء

والليل بلا نهارٍ يسير

بلا ضمير

بلا عناء

.

أهذا وجهك ؟

أم هو قمري ؟

قلت لها ...

انا لا أملك إلا قمري

لا أملك .. إلا أنت

ونبضاتك الخجول

أذكر يا حبيبتي ..

سحر الحكايات

عن فتى يعشق المطر

رددت وجهي الذى ضيعه الزمان

خفت أن أطالع وجوه الأخرين

فلا أراك هناك

وجهك الغارق في دمائي

أراه جميلًا

أبصر يدي ترسم شيئًا في الظل

.

أمشي .. والحلم خل في

يؤيني بين ذراعيه ... فأنام

النيل يا صغيرتي

يصير حزينًا كقلبي

مهجور الروح والشطآن

بدون عينيك

يا سيدة الدهشة والأحزان

دعيني أحكي لك عن هامش السنين

حين كنت أنتظر دقات الساعات

لا أملكُ إلا قمرًا

قلتُ لها هذا المساء

أني لا أملك إلا قمراً

ورثته من ماضٍ

أثاره على جبيني لا تموت

قلتُ لها أن بداخلي طفلٌ

يفتش دومًا عن أشياءك الصغرى

يصغي الى صوت الكمان .. في المدى

يتراقص على كفيك

أتلعثم .. ولا تسعفني الكلمات

يظلل على شرفات البيوت

يصبح مأوىً لعينيك

ولطير الرحيل

اقتربي يا صغيرتي

واستريحى

أنا الأرض ..

والوطن ..

والطريق ..

ولكني مازلت أجهل من أكون

ويستكين آخر الليل

تحت همهمة الريح

يعاتب النجوم الخرساء

ويتوسد أنين الموت والحروف

أعبر الطريق

إلى بلادي الثانية

لأحيي في عروقي

نهارًا يموت

الشجر الطالع من أهدابنا

محملًا بالأصداء والثمر

كان لي وطن

الأرضُ نائمةٌ تحت بقايا السكوت

تقرع أجراس الغربة

تصرخ ..

من منكم يراني؟

وأصرخُ .. حين أيقنُ أنني وحدي

بلا وجهٍ ..

أو يدين

كان لي وطن

ينزف بلا صوت

ومازال أبي ينتظر ...

وينتظر ....

والبحث عن الذات

أعوامٌ كثيرةٌ تحت الحصار

وتحت الأشعار

واليوم أولد من ندى دماءك

وأكمل فيك قصيدتي

مازلتُ أفتش في دفاتري القديمة

عن أغنيات البكاء

صمتي كطفلٍ

من حبك يزهو ويكبر

يرفض السلاسل

يتعلم من نزف جراحاتك

ومن قلبك الأخضر

لماذا أسأل عن الطريق؟

إن كنَّا كرفيقين نسير

تخبئنى بمعطفك

حين يشتد علينا البرد

على رصيف العمر والذكريات

وأسالك عن الحقيقة

بحثًا عن ظلال الشجر

وعن طيرٍ يغردُ بلا سماء

كان ينزفُ ألمًا

والأفق يغني أغنيته الحزينة

(ما زلت أنتظر عينيها

كزهرةٍ صبحٍ تشدو بتراتيلِ الصباح)

غنّي

ولا تكفَّ عن حكاياتك

لا تنعس ..

لا تغفل ..

قطرات من اشتياق

الخطواتُ تنزفُ من بعيد

تعذبني الذكرى ..

وأبكي..

أحتضنُ ترابَ الأرض

وأصلي ..

ليتكَ تعودُ لي يا أبي

كان أبي فارسًا

يجوبُ أرضنا الجرداء

ومازلنا نسألُ الدربَ .. أين تسير ؟!

مسافران .. بلا مصير

وجهي غارقٌ في الأحلام

وأعلم أن الحلم يطول

والأشواق على شفتيك ترتعش

فأهرب اليك .. وأنتِ جواري

ونغرقُ في صمتِ الشوارعِ

ونعاسِ الأشياء

***

مازلنا نسيرُ ..

آه .. كم أفتقدك يا وجهها الطفولي

***

أمطري أغنياتك في شراييني

ليرتاح العمر في سنوات القهر والسكون

أمطري دفئك..

عانقيني

طفلٌ أنا يشتاق إلى أحضانك

لكي ينزل في مدينتنا المطر والألوان

***

سفر

صارحتني تلك الليلة

أن الصباح ينادي خطواتي

ليوقظ للثورة قلبي

.

.

هل تعلم عيناكِ

أنى انتظرتهما طويلًا؟

لكي ما نسير معًا

نصنع الدرب .. والخبز .. والذكريات

.

لماذا تبقين حلمًا بعيد المنال ؟!

ما دُمتِ معي

حبك يطرح ألف سؤالٍ

حبك يطرح ألف احتمالٍ

لكني ... لا أُجيد التعلم

سأهديك أغنيةً

حين يسطع القمر

في ذات المكان

.

.

لماذا تبقين حلمًا بعيد المنال ؟!

فلماذا تبقين حلمًا بعيد المنال؟

تتسلل الذكرى كالنسيم

تأخذني تحت ظل عينيك

تصبحين بيتي .. ومنفاي

أنسى معك الثواني ... والكلمات

وتبقين بفمي كقطعة سكر

يومًا جديدًا على الدرب

تَنبتُ الورود على الجدران

ينادينا الصباح

يسير بنا

وأرجوه أن يسير إلى الأبد

حلمٌ بعيد المنال

شمسٌ لا تنطفئ

في ذات المكان

وحبٌ كالندى على وريقات الشجر

أرسمه وسامًا على قلبى

كالطفل حين يملك الدهشة ... والمطر

كنت حلمًا

يتزين بعطرٍ ربيعي

في زمان الحنين

مزمارًا .. في زمن الحجارة

نفتش معًا عن الأيام

في سكون المساء
ومن خلف النوافذ الزجاجية
أنتظر أن يطل القمر
ومعه الدواء
لجرحٍ يرفض أن يلتئم

ويطولُ انتظاري

مازالت بقايا ابتسامتها

داخل القلب

ومازالت دمعتها الحزينة

تزورني بالأحلام

تعبتْ عيناي من الأيام

أبحثُ عن يومٍ آخر

ليبكي معي

وشيئًا فشيئًا

يخفتُ ضوءُ الشمس

وقبل أن تنام الأشياءُ حولي

تهتف لي باسمها

لتذكرني بليلةٍ كنا هنا

جرحٌ يرفضُ أَن يلتئَم

ذات يوم .. عدت

لنفسِ المكان

الذي كنا

نفتش فيه عن الأيام

أدورُ في دوائر الصمت

أذوبُ في مكاني

تتملكني الرغبةُ الخفية

أن أبكي على كتفيك

أفتشُ عنكِ

أي ذكرى لنا .. كانت هنا

أنتظر

فرد لي أغنيتي القديمة

ومد لي .. يديك

وإذا سكتنا

من يغني لنا أغنيات الربيع.. والعصافير

في ظل الأمل المنتظر؟

يا حبيبي

مد يديك

العالم لا يصلح لنا

والحقيقة العارية

تزداد عريًا

ونفاقًا

ولم يتبق إلا أنت

وصورة العشاق

في غياهب الأيام

والزمن

عند شواطئ القدر

يا حبيبي

أنا ذلك المشتاق

أن أشدو بترانيمِ الصباحِ

وجبيني مبللٌ بندى الليل

والطريق لا يزال طويلًا

والضجر يملأ الأرض صياحًا

مَن بنا مات؟

وتركنا إلى لقاءٍ آخر .. في المدى

ومن يتركنا نصارع السكوت؟

والظلام

والشوارع..

تَنسى ذكرياتنا

تحت ضوء القمر

ولا من مجيب

يَرِدُ الصوتُ إلينا

ويمنحنا نسمات الحرية

والوطن

وتلك الروح الهائمة بداخلي

تأخذني كل ليلةٍ

بعيدًا عن المنفى

إلى حيث يسكن حبيبي!

خارج المكان

تصوّف

مد لي يديك

وأنظر

كيف يصير العالم غريبًا .. بدونك

وامنحني بريق عينيك

ليكونَ وطني الحقيقي

ومصيري الآتي

حين يزحف الفراغ

إلى أرواحنا

ويطل زيفُ الحقيقةِ

على عقول البشر

لتعرف مدينتنا طريق النهار

والحنين الى الألوان

إن ابتسامتك مازالت عالقةً على جدران البيوت

***

البيوت ..

البيوت ..

الحزن الساكن في أعماقنا

ونبضنا الحائر

بين المنفى والرحيل

.

حبيبتي

اختاري لكِ عنوانًا

لماذا تختفين عندما يسكنني الوجع ؟

***

إنني أذكر

أو لا أذكر

لم يعد يهم

فأنا لا أعرف لكِ عنوانًا

لأرسل مشاعري المنسية

.

.

يتمتم الصمت داخل قلبي

تلملم ما بقي منكِ ... ومني

وأشواقنا المبعثرة في القلوب

***

كأنك القمر

يأتي متخفيًا برداءٍ إنساني

يربت على النوافذ المغلقة

ويرحل ..

.

.

.

بيوت

رأيتُكِ الليلة

حلمًا، يتسلل من وراء خيوط الليل

يتلصص على جدران البيوت

يطرق...

ولا من مجيب

غير أصداء الصمت

***

البيوت يا حبيبتي

ولا يزال يناديني

***

سترحلين

ذات يوم

وترفرفين على أعوام الجوع

والقلب الحزين

تمر مع المارين

الذين يحملون أسماءهم

على أكتافهم

ويرحلون مع الراحلين

***

أيدوم لنا البيت يا حبيبتي

والبستان

ووطني أمامي

ولا أراه

في كل يوم يرفع صوته

وجهًا آخر للمحبين

وأنتظر لحظات الشروق

التي ما خلفت

في ليالي الصمت

إلا الجنون

***

يا حبيبتي

هذه الأرض لا تصلح لنا

أرض المجهول

والكلمات العابرة

صُبي لي النشوة نخبًا

في كأس السنين

وارِو عطش الطريق

واخلقي في

ذكريات الحنين

أنا أحبك جدًا

لكن .. لا شيء يعجبني

لا شك

ولا يقين

فإلى أين أهرب؟

والليل يتوارى خلفي كظلي

أيدوم لنا الوطن؟

لا شيء يؤنس هذا الصباح

لا شيء

فأُسمعيني

أنتِ لي

ووطني هاتين العينين

فلا تتركيني

عاشق سيء الحظ

شاحب الجبين

***

لعلك يومًا

إذا ما تذكرتني ... تغفري

ماذا لديك أكثر؟

من أن أمسنا البريء

صار كالمشاعل الضريرة

حبنا المشبوه

وقصص الحنان

ورائحة الفرحة التي

في صدري تحترق

ودموعنا المريرة .... المريرة

يا وجعًا مازال يسكن في خواطري

أكتب إليك

بلا مصير

بلا عنوان

مازلت أنا ... بلا أنا

أسير

أفتشُ عني وعنكِ

وعن ابتساماتنا الملونة

لكني لا أبصرُ إلا ذكرى عينيك

وأحزاننا المزمنة

يا وجعًا يرفض الرحيل

من أشواقنا الكسيرة

إليها.. بعد الرحيل

انت

يا ذلك الوجع الضائع

يا حزن المدينة

الساكن في مصابيح الشوارع

ترحل اليوم ذاكرتي إلى بقاياك

في صدرى

الملىء بالمواجع

لماذا توقف بى هذا الزمن ....هنا؟

في الحياة

هتافٌ مزيفٌ في المسيرة،

أيام تدور بلا ثوانٍ..

أنا لا أملك إلا الحكايات

وبعض أبيات الشعر

فأتوسل اليكم

لا تسمعوني

***

صور الآخرين

تقتحم ذاكرتي

وأصير أنا

شوقٌ ضائعٌ

(3)

لا تسمعوني

يا أطفاليَ المساكين

أكل الفراغ أحلاميَ الناعسة

صارت كل الدروب بلا طريق

أنا لا أعرف إلا الجوع

أنا لا أرى إلا ساعات العطشِ

وأزمنة القهرِ،

وكسره يومي.

ماذا سأترك لكم؟

قلق..

(2)

حينما تتشابكُ أعينُنا،

ألمح بهما الضي الغريق

وحلم الأمس العتيق

وأرى من خلال صوتك

دمعةً خجلى

مازالت تنتظر الفجرَ الطويلَ

والميعاد

والشمس التى مازالت تغرب من الشرق

(1)

أُغمضُ عيني

على حلمٍ

يسير الموتُ في طريقه

ينام في الظلمة

وعندما يأتي النهار

تطلع الشمس

على حلمٍ ليس لي

وعلى آخرٍ غيري

الآخرون وأنا

الآخرون

وأنا

وأصواتنا المسروقة

مشردون

وسط دائرة الماضي

والحاضر

الذي يغيب عنه سحر القمر

يستحق هذا العناء

ورمال الشطآن؟

فلماذا يحلو لك الغياب؟

ألم تعرفي اشتياقي

لأتوسد قلبك؟

والعينين

* * *

أغني..

وحين يخذلني الغناء،

أغني

لكني .. لا أقول شيئًا

يضيع الصوت هباء

وتظل الأغنية

كالأسير

دون جدرانٍ

أو مصير

***

الم تدركي حتى الآن

أنك وطني؟

ألم تك في رسائلي

التي أرسلتها مع البحر

كان حلمي البسيط

أن نلتقى

لكن دروبي ضيقة

وكلماتى متعبة

ضائعة في الأوطان

وكنتُ أبحثُ عنك

لكي أجد لي مكانًا

***

ليس هناكَ من يسمع

أغنية للغياب[99]

أغني

دائمًا ما يؤنسني الغناء

حين تبتعد الخطوات

وحين تخاصمنا السماء

فلا تنجدنا بالمطر

ولا الأحلام

ولا الملكوت المنتظر

على الأرض الجرداء

***

وآخر فرصة للهروب

وبعضَ التنهيدات

نُخفيها عن أعين ما تبقى من العمر

وأصمت

لئلا تشمت بى الذكريات

***

عيناكِ

تحملان سرَ اللّيالى

وبقايا من ملامحِ وطني المفقودِ

فلا تغضي البصر

عن آخر عناقيد الحزن

وتذكرت أن هناكَ كلامٌ كثيرٌ

أردتُ أن أقول

لكنني خِفت

كان كل شيء حولنا

يُجبرنا أن نخاف

حتى صارت قلوُبُنا

محاصرةً في وطن .. بلا وطن

***

فنجانك لم يتبق به

إلا قطرة حزنٍ أخيرةٍ

لكني ابصرتُ الطريقَ

من وراء صمتي وظمأي

وتركتُ على الطاولة

بعضَ مشاعري

وآخرَ عناقيدِ حزني

***

ليلتها

ظلَّت عيناكِ تطاردني

في أركان المنزل

حتى امتلأ الصدر بالحنين

آخر عناقيد الحزن

عيناكِ

دفتري الذى أقرأُ فيه

يومي وغدي

وأرسمُ فيه ذاتي

ليلتها

حين كانت جلستنا الأولى

وابتسامتك الخجول

قلت كلامًا كثيرًا

عن الوطنِ والحرية

وكنتُ أخفي قلقي داخل معطفي

مقدمة

أكتبُ كثيرًا

لأداري وجعى بين الكلمات

أغفو بعينيك قليلًا

لكي أستمرَ في الحياة

While every precaution has been taken in the preparation of this book, the publisher assumes no responsibility for errors or omissions, or for damages resulting from the use of the information contained herein.

كان لي وطنٌ

First edition. 2024.

Written by عماد كمال

كان لي وطنْ

عماد كمال

KINZY PUBLISHING AGENCY

Kinzypa.com

info@kinzypa.com

201122811065+
201122811064+

اســـم العمل:- كان لي وطنُ

اســـم الكاتب:- عماد كمال

تصميم الغلاف وتدقيق وتنسيق:-

فريق Kinzy Publishing Agency

شعر

كان لي وطن

عماد كمال

2024

www.ingramcontent.com/pod-product-compliance
Lightning Source LLC
LaVergne TN
LVHW050635200726

843506LV00010B/1261